DES

ÉTABLISSEMENS DES ALIÉNÉS EN FRANCE,

ET DES MOYENS D'AMÉLIORER LE SORT DE CES INFORTUNÉS.

MÉMOIRE

Présenté à Son Excellence le Ministre de l'intérieur,

En Septembre 1818;

PAR LE DOCTEUR ESQUIROL,

Médecin de la Salpêtrière.

A PARIS,

DE L'IMPRIMERIE DE MADAME HUZARD

(née VALLAT LA CHAPELLE),

Rue de l'Éperon Saint-André-des-Arcs, n°. 7.

MARS 1819.

DES

ÉTABLISSEMENS DES ALIÉNÉS EN FRANCE,

ET DES MOYENS D'AMÉLIORER LE SORT DE CES INFORTUNÉS.

MÉMOIRE

Présenté à S. Ex. le Ministre de l'intérieur,

En septembre 1818.

HOWARD se proposa d'adoucir le sort de misérables qui s'étaient déclarés les ennemis de leurs semblables et de l'ordre social; plus heureux que lui dans l'objet de mes recherches, j'ai pénétré dans l'asile du malheur où gémit souvent la vertu. J'ai parcouru toutes les villes de France pour visiter les établissemens où sont renfermés les aliénés.

Chacun peut s'assurer qu'il n'attirera pas sur lui la vindicte des lois: quel est celui qui peut se promettre qu'il ne sera point frappé d'une maladie qui marque ses victimes dans tous les âges de la vie, dans tous les rangs, dans toutes les conditions?

Ceux pour qui je réclame sont les membres les plus intéressans de la société, presque toujours victimes des préjugés, de l'injustice et de l'ingratitude de leurs semblables. Ce sont des pères de famille, des épouses fidèles, des négocians intègres, des artistes habiles, des guerriers chers à la Patrie, des savans distingués; ce sont des âmes ardentes, fières et sensibles; et cependant ces mêmes individus qui devraient attirer sur eux un intérêt particulier, ces infortunés qui éprouvent la plus redoutable des misères humaines, sont plus maltraités que des criminels, et réduits à une condition pire que celle des animaux.

Je les ai vus nus, couverts de haillons, n'ayant que la paille pour se garantir de la froide humidité du pavé sur lequel ils sont étendus. Je les ai vus grossièrement nourris, privés d'air pour respirer, d'eau pour étancher leur soif, et des premiers besoins de la vie. Je les ai vus livrés à de véritables geôliers, abandonnés à leur brutale surveillance. Je les ai vus dans des réduits étroits, sales, infects, sans air, sans lumière, enchaînés dans des antres où l'on craindrait de renfermer les bêtes féroces que le luxe des gouvernemens entretient à grands frais dans les capitales.

Voilà ce que j'ai vu presque par-tout en France, voilà comment sont traités les aliénés presque par-tout en Europe.

« Ces infortunés, comme des criminels d'État, » sont jetés dans des culs de basse-fosse, dans » des cachots où ne pénètre jamais l'œil de » l'humanité : nous les y laissons se consumer » dans leurs propres ordures, sous le poids des » chaînes qui déchirent leurs membres. Leur » physionomie est pâle et décharnée, ils n'at- » tendent que le moment qui doit mettre fin » à leur misère et couvrir notre honte. On les » donne en spectacle à la curiosité publique, » et d'avides gardiens les font voir comme des » bêtes rares. Ces malheureux sont entassés » pêle-mêle; on ne connaît que la terreur pour » maintenir l'ordre parmi eux. Les fouets, les » chaînes, les cachots sont les seuls moyens de » persuasion mis en usage par des employés » aussi barbares qu'ignorans. »

Voilà ce qu'écrivait Riel, en 1803, sur l'état des aliénés en Allemagne.

« Ceux qui ont visité les maisons d'aliénés » en Allemague, dit Joseph Franck, se rappel- » lent avec effroi ce qu'ils ont vu. On est saisi

» d'horreur en entrant dans ces asiles du mal-
» heur et de l'affliction ; on n'y entend que les
» cris du désespoir, et c'est là qu'habite l'homme
» distingué par ses talens et par ses vertus.
» C'est une chose effroyable de se voir assailli
» par des malheureux couverts de haillons et
» dégoûtans de malpropretés, tandis qu'il n'y
» a que les chaînes, les liens et la brutalité des
» gardiens qui empêchent les autres de s'ap-
» procher. »

Maximilien André dit la même chose, en 1810, des aliénés et des établissemens qui leur sont consacrés en Allemagne.

Chiarruggi, d'Acquin avaient dit de même de ceux d'Italie et de Savoie.

Si jamais établissement public a couvert de honte l'Angleterre, c'est l'hôpital de Bedlam, s'écrie sir Bennet dans la chambre des communes (en 1815); et cependant des rapports mensongers en imposèrent, non-seulement à l'Angleterre, mais à l'Europe entière, en proposant cet hospice pour modèle à toutes les nations du monde.

S'il nous était permis d'entrer ici dans les détails, nous verrions par-tout la plus mauvaise distribution dans les bâtimens qui sont abandonnés à ces malades; la plus grande ignorance des soins qui leur conviennent ; la plus coupable négligence, le plus affreux abandon, la plus révoltante barbarie ; je dis barbarie car par-tout, excepté dans les établissemens des capitales, auxquels Paris a donné l'exemple, les aliénés sont couverts de chaînes.

Désirant apprécier l'influence qu'avaient eue sur le reste de la France les améliorations introduites à Paris, dans les établissemens publics destinés aux aliénés, j'ai parcouru toutes les maisons où ces malades sont reçus ; j'ai rédigé avec soin ce que j'ai observé maison par maison, hospice par hospice, prison par prison ; j'ai fait lever et graver le plan de plusieurs de ces établissemens ; j'ai comparé ce qui se fait chez nous avec ce qui se passe chez les autres nations de l'Europe, particulièrement chez Anglais.

Ces données ont servi de base au présent mémoire, qui lui-même n'est qu'un résumé d'un grand travail sur cet objet, que je publierai au printemps.

Les aliénés, en France, sont placés presque tous dans des établissemens publics : tantôt dans des maisons spéciales, tantôt dans les hôpitaux et dans les hospices, tantôt dans les dépôts de mendicité, tantôt dans les maisons de force ou de correction.

Les aliénés, au nombre de 5,153, sont répartis dans cinquante-neuf maisons; de ce nombre 5,153 individus, plus de 2,000 appartiennent aux trois grands établissemens de Paris. La proportion des femmes est généralement plus forte que celle des hommes; mais il est remarquable que le nombre des hommes aliénés est plus considérable que celui des femmes dans les provinces méridionales de la France, tandis que, dans le nord, le nombre des femmes aliénées y est beaucoup élevé, comparé à celui des hommes. D'après des renseignemens sur les établissemens d'Espagne, il résulte que le nombre des hommes aliénés y est plus fort que celui des femmes.

Il n'y a en France que huit Établissemens spéciaux, où l'on reçoive les aliénés, et dont plusieurs ont pris le nom de Maisons royales de Santé, savoir :

Armentières, *pour les hommes seulement* (département du Nord).

Avignon (département de Vaucluse).

Bordeaux (département de la Gironde).

Charenton (département de la Seine).

Lille, *pour les femmes seulement* (département du Nord).

Marseille (département des Bouches-du-Rhône).

Marville, près Nancy (département de la Meurthe).

Rennes, Saint-Mein (département d'Ille-et-Vilaine).

Ces maisons ne reçoivent généralement que des aliénés; je dis généralement, car à Charenton il y a un quartier qui sert d'hôpital pour les pauvres malades du canton; à Marville, il y a des vieillards et des enfans.

Dans ces huit maisons, on reçoit des épileptiques confondus avec les aliénés, et quelquefois des mauvais sujets, des libertins mis en correction. Dans ces maisons, on admet les aliénés incurables, et l'on y garde à vie ceux qui ne guérissent point; aussi est-il vrai de dire que nous n'avons point en France d'établissement spécial exclusivement consacré au traitement de l'aliénation mentale.

Peut-être conviendrait-il de faire un petit nombre d'établissemens dans chacun desquels on pourrait réunir 150 à 200 aliénés mis en traitement, et qui serviraient de modèle, d'école d'instruction et d'objet d'émulation pour les autres maisons du même genre.

On ne serait admis dans ces établissemens qu'à des conditions particulières, comme cela se pratique à Bedlam (Londres).

1°. L'aliéné ne devrait point avoir été traité ailleurs.

2°. Sa maladie ne devrait dater que depuis un an au plus.

3°. Nul aliéné ne devrait avoir de maladie contagieuse ou siphilitique.

4°. Aussitôt qu'il serait reconnu incurable, il devrait être renvoyé.

5°. Il ne pourrait rester plus de deux ans dans cet asile. Je dis deux ans, l'expérience m'ayant prouvé qu'il guérit presque autant d'aliénés dans le cours de la seconde année depuis l'invasion de la maladie, que dans la première.

Il n'est point de mon objet de faire connaître les défauts, les vices même que présentent ces huit établissemens spéciaux, tant dans leurs constructions, leur distribution, que leur régime intérieur. Tels qu'ils sont, ils sont préférables aux autres maisons dont nous allons parler. Je ne peux me défendre d'éveiller la surveillance de l'Administration sur les habitations destinées aux aliénés furieux. Ils sont logés dans des souterrains à Marville et à Armentières.

Dans tous les hospices ou hôpitaux, on a abandonné aux aliénés des bâtimens vieux, délabrés, humides, mal distribués, et nullement construits pour leur destination, excepté quelques loges, quelques cachots qui ont été bâtis exprès pour les aliénés furieux. Dans quelques hôpitaux généraux, les furieux seulement habitent des quartiers séparés; les aliénés tranquilles, les imbéciles sont confondus avec les indigens, les pauvres dits incurables. Dans un petit nombre d'hospices, ils sont pêle-mêle avec les prisonniers dans le quartier appelé *quartier de force*. Ces infortunés sont soumis au régime général des indigens.

Les aliénés sont admis dans les hospices dits hôpitaux généraux dans lesquels on reçoit les vieillards, les infirmes, les galeux, les vénériens, les enfans, et même les femmes de mauvaise vie et les criminels, dans les trente-trois villes suivantes :

Aix.
Alby.
Angers.
Arles.
Blois.
Cambray.
Clermont.
Dijon.
Le Havre.
Le Mans.
Lille.
Limoges.
Lyon.
Macon.
Martigue.
Montpellier.
Moulins.
Nantes.

Nismes.	Saumur.
Orléans.	Sedan.
Paris.	Strasbourg.
Pau.	Saint-Servan.
Poitiers.	St.-Nicolas près Nancy.
Reims.	Toulouse.
Rouen.	Tours.
Saintes.	

A la Salpêtrière et à Bicêtre, le quartier des aliénés est en quelque sorte indépendant du reste de la maison. Les aliénés y ont un régime particulier avec des serviteurs et un médecin spécial. Ce sont des hôpitaux dans des hospices.

Dans les villes où l'on avait établi des dépôts de mendicité, on se proposait de bâtir, et l'on a même bâti un quartier pour les aliénés dans l'intérieur de ces dépôts ; ces quartiers ne devaient recevoir que des aliénés furieux, et ils avaient déjà pris dans quelques dépôts le nom de quartier de force. Les aliénés sont dans les dépôts de mendicité à

Auxerre.	Châlons.
Alençon.	Charité-sur-Loire.
Amiens.	Laon.
Besançon.	Montpellier.

Mousson. Troyes.
Dôle. Tournus.

Dans ces dépôts de mendicité, les aliénés furieux sont laissés continuellement dans leurs cellules; les autres, confondus avec les mendians et les vagabonds, sont privés des soins particuliers que leur état exige.

Enfin on n'a pas rougi de mettre des aliénés dans des prisons :

Au fort du Ha à Bordeaux.

A la maison de force à Rennes.

Au quartier de force à l'hôpital général de Toulouse.

Au Bicêtre de Poitiers, de Caen, d'Amiens, etc.

A la maison d'arrêt pour la garde nationale.

A la maison des Baudets, maison de force à Arras.

A Saint-Venant (petite place forte), les aliénés sont dans des bâtimens qui servent de prison et d'hôpital militaire.

Au reste, il est peu de prisons où l'on ne rencontre des aliénés furieux ; ces infortunés sont enchaînés dans les cachots à côté des criminels. Quelle monstrueuse association! les aliénés tranquilles sont plus maltraités que les malfaiteurs; ceux-ci peuvent travailler, et du produit de leur travail ils améliorent la nourriture que leur accorde la maison. Les aliénés sont privés de cette ressource !

A combien d'injures, de mauvais traitemens, de privations, ne sont point exposés ces aliénés de la part des malfaiteurs qui se font un jeu de leur état? Quelle humiliation pour l'homme malade, s'il a quelques instans lucides, de se voir confondu avec des criminels? et s'il était possible qu'un aliéné pût guérir malgré tant d'abandon, tant de privations, tant d'injurieux traitemens, quel sentiment affreux n'éprouverait-il point au réveil de sa raison, et dans ce sentiment quel obstacle invincible à une guérison durable!

Les aliénés, ainsi confondus dans un même établissement avec les indigens, les infirmes, les vagabonds et sur-tout les prisonniers, sont mal sous tous les rapports. C'est ce que vont nous prouver les détails suivans :

1°. Les maisons ou les portions de maisons qui leur sont destinées ne sont pas distribuées ni disposées pour leur usage. Presque par-tout, excepté à la Salpêtrière et à Bicêtre, les aliénés occupent les bâtimens les plus retirés, les plus vieux, les plus humides, les plus malsains. Dans les dépôts de mendicité et dans quelques hospices, les constructions nouvellement faites sont très-mal entendues, et dans quelques-unes, par exemple, la cour qui sépare les loges du mur de clôture n'a pas une toise de largeur.

2°. Les habitations particulières, les cellules appelées loges, cachots, cages, cachetots, etc., sont par-tout épouvantables, sans air, sans lumière, humides, étroites, pavées à la manière des rues, souvent plus basses que le sol, et quelquefois dans des souterrains. Ordinairement ces habitations n'ont pour ouverture que la porte et un petit trou carré établi contre la porte; quelquefois il n'y a d'autre ouverture que la porte. L'air ne s'y renouvelle point, et en y entrant on est suffoqué par l'odeur infecte qui s'en exhale. Il y a des cellules qui ressemblent à des cages; d'autres sont en bois, exposées à toutes les intempéries. Dans mon travail sur les Maisons d'aliénés, je veux donner la description de toutes ces habitations, qui semblent toutes avoir été construites pour avilir l'homme et le priver des premiers élémens nécessaires pour la conservation de la vie.

3°. Les lits manquent souvent; ainsi des malheureux tourmentés par l'insomnie n'ont quelquefois que le pavé pour reposer leurs membres, et de la paille pour matelas, pour oreiller et pour couverture.

4°. Presque partout les aliénés indigens, et souvent ceux qui payent pension, sont nus ou couverts de haillons; on leur abandonne les débris des vêtemens des pauvres, des infirmes, des prisonniers qui habitent avec eux dans le même etablissement. C'est toujours, dit-on, assez bon pour des fous. Un grand nombre d'entre eux n'ont que de la paille pour se garantir de l'humidité du sol et de la froideur de l'air; quelquefois ils en sont privés; la paille n'est jamais renouvelée assez souvent. J'ai vu un malheureux imbécile, tout nu et sans paille, couché sur le pavé. Exprimant mon étonnement d'un pareil abandon, le concierge me répondit que l'Administration ne lui passait, pour chaque individu, qu'une botte de paille tous les quinze jours. Je fis remarquer à ce barbare que le chien qui veillait à la porte des aliénés était logé plus sainement, et qu'il avait de la paille fraîche et en abondance; cette remarque me valut un sourire de pitié. Et j'étais dans une des grandes villes de France!

5°. Le régime, les alimens, loin d'être appropriés à l'état de ces maladies, leur sont contraires; lorsqu'on leur donne autre chose que du pain noir, les alimens qu'on leur sert ne leur conviennent pas. On leur distribue généralement des légumes secs, mal cuits, et du fromage; c'est un régal pour les aliénés de Tours lorsque la religieuse qui les dirige peut se procurer, une fois la semaine, les intestins des animaux qui ont servi à faire la soupe et le bouillon des indigens de l'hôpital. Dans les quartiers de force, dans les prisons, les aliénés n'ont que du pain et de l'eau lorsqu'il plaît au concierge et au guichetier de leur en donner. Comment se fait cette distribution? ordinairement on la fait une fois par jour. Dans une ville, l'on donne tous les deux jours aux aliénés comme aux prisonniers, un pain de trois livres avec un pot d'eau. Quel régime pour des malades qu'une chaleur interne dessèche, que la soif dévore, que la constipation tourmente!

6o. Dans aucune maison il n'y a assez d'espace pour que les aliénés puissent se livrer à l'exercice qui leur est si nécessaire; ils n'ont souvent pour se promener que des escaliers ou des corridors étroits et obscurs; souvent il n'y a qu'une cour pour tous les aliénés du même sexe; les furieux sont toujours renfermés; on rencontre quelquefois des chaînes suspendues aux murailles qui forment la cour; on y enchaîne les aliénés sur une pierre, c'est ce qu'on appelle leur faire prendre l'air. Lorsqu'il y a des salles de réunion, des chauffoirs, ces salles sont basses, étroites, noires, et plus propres à inspirer la tristesse que la distraction.

7°. Les aliénés ne sont pas servis, ou le sont très-mal; ils n'ont de serviteurs presque nulle part; lorsqu'ils en ont, leur nombre est insuffisant; souvent ils sont livrés à des geôliers, à des guichetiers durs, barbares et ignorans. Cet abandon est d'autant plus déplorable que ces infortunés n'ont pas l'intelligence nécessaire pour réclamer les soins que l'humanité accorde par-tout à l'homme malade. Sont-ils soignés? quel service, grand Dieu! Que peut-on exiger d'un geôlier, d'un concierge qui a trente, cinquante, soixante individus à diriger? Quel sentiment de bienveillance peuvent avoir ces hommes grossiers, qui ne voient dans les aliénés que des êtres malfaisans, dangereux et nuisibles? Ils ne connaissent pour les conduire, pour les contenir, pour les ramener au calme, que les injures, les menaces, la terreur, les coups et les chaînes.

8°. Les chaînes sont mises en usage par-tout, 1°. parce que les bâtimens sont mal distribués; 2°. parce que les serviteurs ne sont pas assez nombreux; 3°. parce qu'on ne connaît point d'autres moyens; 4°. parce que l'usage du gilet de force est plus dispendieux. J'ai envoyé des gilets pour servir de modèle dans plusieurs villes; on ne s'en sert point par économie, il est certain que les chaînes coûtent moins d'entretien : c'est ce qui faisait dire au docteur Monro qu'elles étaient préférables pour les pauvres. L'abus des chaînes est révoltant. On met des colliers de fer, des ceintures de fer, des fers aux pieds et aux mains. Dans une des grandes villes que je craindrais de nommer, les furieux sont contenus avec un collier de fer attaché à une chaîne d'un pied et demi, laquelle est scellée au milieu du plancher inférieur, et l'on m'a assuré que ce moyen était le plus sûr pour calmer la fureur. A Toulouse, dans une salle d'environ vingt lits qui est sous les toits, on a suspendu aux murailles et au-dessus de chaque lit une chaîne qui porte une ceinture de fer; les aliénés, en montant dans leur lit, secouent ces chaînes qui vont les accabler pendant la nuit. Dans quelques maisons on distribue des nerfs de bœuf aux garçons de service; le trousseau de clefs est un instrument de correction. Une bonne direction ferait supprimer les chaînes par-tout, comme elles le sont depuis long-temps dans les établissemens de Paris. Et la France donne au monde civilisé l'exemple de plus de deux mille aliénés de tout âge, de tout sexe, de tout état, de tout caractère, dirigés, contenus et traités sans coups et sans chaîne.

9°. Les médecins ont fait de vaines réclamations dans toutes les villes; mais privés des premiers moyens de traitement, ils sont découragés, et ne visitent les aliénés que lorsqu'il survient des maladies graves. Rarement les visite-t-on en vue de les guérir de leur folie, et il est quelques maisons où les serviteurs ordonnent les bains de surprise, la réclusion, etc. A Toulouse, de temps immémorial, les médecins *de l'Hôtel-Dieu* visitaient tous les mois les indigens de l'Hôpital général; jamais ils n'allaient dans le quartier de force où les fous étaient enchaînés.

10°. Les administrateurs, trompés par les préjugés si funestes au bien-être des insensés, effrayés par leur agitation, par leurs cris, et surtout par les craintes que les serviteurs intéressés ont soin d'inspirer, ne visitent presque jamais les aliénés; la plupart regardent les fous comme atteints d'une maladie incurable, comme des êtres abandonnés pour qui ils croient avoir tout fait lorsqu'ils les ont mis hors d'état de nuire et qu'ils leur ont fait distribuer du pain et de l'eau pour les empêcher de mourir de faim.

Tant que les aliénés seront logés, soignés

et traités comme ils le sont aujourd'hui dans les hospices, dans les dépôts de mendicité, dans les prisons, on ne peut espérer pour eux, ni un meilleur régime, ni plus de soins, ni plus d'égards, ni une plus utile assistance de la part des médecins et des administrateurs.

Comment restituer à ces infortunés la part des soins qui leur sont dus par la charité publique? Comment satisfaire aux administrations locales qui réclament par-tout contre l'état d'abandon dans lequel gémissent les aliénés, et qui sollicitent les moyens d'améliorer leur sort? Comment répondre aux vœux du gouvernement?

Tout le monde est convaincu de l'inconvenance du séjour des aliénés dans les prisons et dans les maisons de force, et de la nécessité de les retirer de ces demeures du crime et de l'immoralité. Mais les opinions sont incertaines entre les deux projets suivans : laissera-t-on les aliénés dans les hospices, dans les dépôts de mendicité, en agrandissant, en améliorant les bâtimens qui leur sont consacrés? ou bien construira-t-on des Hôpitaux spéciaux pour eux?

Ce qui précède me laisse peu de choses à dire contre le premier projet. En conservant les aliénés dans les hospices, dans les dépôts, on espère se servir de ce qui est déjà fait, et utiliser d'anciens bâtimens qu'on veut accommoder à leur usage : ce qui est déjà fait est mauvais, et les anciens bâtimens nuiront à ceux qu'on projette; les uns et les autres manqueront de symétrie, de subdivisions nécessaires. Ils seront mal distribués, parce qu'il faudra les coordonner avec le reste de l'établissement.

Les aliénés seront soumis au régime de l'hospice ou du dépôt de mendicité ; si on leur assigne un régime, un service particulier, il n'y aura plus d'ensemble ni d'unité dans l'établissement; l'un et l'autre service en souffriront. On n'aura pour les aliénés que de mauvais infirmiers; car les meilleurs sujets préféreront le service plus facile, moins pénible, moins dangereux du reste de l'hospice ou du dépôt. Le service de santé sera fait avec moins de zèle; car le médecin de l'hospice ou du dépôt aura trop à faire : il négligera les aliénés dont le traitement offre moins de chances de guérison que celui des individus atteints de maladies aiguës. La portion de l'établissement destinée aux aliénés deviendra un épouvantail; elle servira de prison, elle sera un lieu de punition pour les habitans du reste de la maison, ce qui exercerait une influence funeste à la guérison des aliénés qui en seraient susceptibles. Les familles qui peuvent payer une pension placeront leurs parens avec plus de répugnance dans ces maisons, ce qui les privera d'une ressource importante. Les directeurs, les administrateurs, repoussés par les dégoûts et les dangers, porteront à ces infortunés moins d'intérêt qu'aux autres habitans de la maison. La division des aliénés n'attirera qu'une portion de la surveillance, n'obtiendra qu'une portion de zèle ; tandis qu'il faut, pour être à la tête d'une maison d'aliénés, la surveillances et le zèle tout entiers d'un homme très-actif.

Donc, en consacrant ainsi pour les aliénés des sections particulières dans les établissemens de charité, il en résultera des inconvéniens si graves que les vues bienfaisantes des administrations locales et du Gouvernement en faveur des aliénés ne seront point remplies.

D'où il résulte la nécessité de créer des hôpitaux spéciaux. Et comment la France n'aurait-elle point des hôpitaux spéciaux pour l'aliénation mentale, elle qui possède dans les grandes villes des hôpitaux spéciaux pour les maladies des enfans, pour la gale, pour la maladie vénérienne, etc.?

La nécessité des hôpitaux spéciaux étant bien démontrée, nous avons une autre question à résoudre. Etablira-t-on un hôpital dans chaque département, ou bien n'y aura-t-il qu'un hôpital pour plusieurs départemens?

L'établissement d'un hôpital dans chaque département peut offrir quelques avantages; mais ces avantages ne peuvent tenir, mis en comparaison avec ceux que présente la formation d'un petit nombre d'hôpitaux.

1°. La dépense sera énorme si l'on crée un hôpital par département; il faudra de grands frais pour acquérir le terrain, pour construire un aussi grand nombre d'édifices. Et qu'on n'espère point faire usage d'anciens bâtimens pour les adapter au service des aliénés; on manquerait le but qu'on se propose; c'est pour avoir voulu utiliser les constructions qui existaient à Charenton du temps des Frères de la charité, que, malgré beaucoup de dépenses, on n'a fait de Charenton qu'un mauvais établissement, dont on ne pourra jamais rien faire de bon; la même chose est arrivée à Saint-Mein, à Marville, etc.

En créant un hôpital par département, chaque hôpital devra être bâti pour un petit nombre d'aliénés, par exemple, pour trente, quarante, soixante, comme on veut le faire à Poitiers, comme le projette pour Albi le Préfet du Tarn. Or, comment établir les divisions nécessaires pour un hôpital de trente ou soixante aliénés? Il faut un quartier pour les hommes et un quartier pour les femmes; chaque quartier est un véritable hôpital destiné à quinze ou trente individus; dans chaque quartier, il faudra des subdivisions pour les furieux en traitement, pour les furieux incurables, pour les mélancoliques calmes, pour les mélancoliques agités, pour les démences, pour les convalescens, pour ceux qui salissent; il faudra des promenoirs couverts, des ateliers, des réfectoires, une infirmerie, une salle de bains, etc. Ces subdivisions, indispensables aujourd'hui pour tout hospice d'aliénés bien ordonné, ne pourront se faire dans un asile destiné à un petit nombre d'individus; car il y aurait presque autant de subdivisions que d'habitans. Il faudra pour chacune de ces subdivisions au moins un serviteur; il y aura donc presque autant de serviteurs que de malades. Si l'on n'adopte pas la subdivision des bâtimens, on retombera dans le système actuel; on se contentera de séparer les furieux, et d'entasser pêle-mêle les autres aliénés, système contre lequel réclame hautement l'expérience de tous les pays où les aliénés ont excité quelques sentimens d'intérêt et de pitié.

2°. En laissant les aliénés dans leur département, ils resteront toujours victimes des préjugés qui, dans beaucoup de provinces, font regarder ces malades comme incurables. Il existe presque par-tout l'opinion, malheureusement fondée, que ces malades sont très-mal traités; il existe dans la plupart des maisons où sont reçus les aliénés, des dénominations humiliantes, de vieilles habitudes, d'anciens usages qui leur sont funestes; la routine et les préventions les perpétueront. Il importe de les soustraire à ces influences locales. Je voudrais qu'on donnât à ces établissemens un nom spécifique qui n'offrît à l'esprit aucune idée pénible; je voudrais qu'on les nommât asiles. Les habitations particulières ne s'appelleraient plus des loges, des cages, des cachots, mais bien des cellules, etc. Ceux qui savent combien les mots ont d'influence sur l'esprit des hommes, ne seront point étonnés que j'attache de l'importance à ces petites choses.

3°. En multipliant les asiles, on les privera de cet intérêt qui s'attache aux établissemens d'une grande étendue; en leur donnant un caractère de grandeur, on en fera des monumens pour les départemens ; ils inspireront plus de confiance, ils attireront un plus grand nombre de pensionnaires.

4°. Espère-t-on trouver dans chaque département des hommes assez instruits et en même temps assez dévoués pour se sacrifier aux soins, à la surveillance qu'exige un pareil établissement? Qu'on ne s'y trompe point, il est peu d'hommes capables qui veuillent vivre avec des aliénés; il en est peu qui consentent à passer leur vie dans un pareil asile, à moins que, par son importance, il n'offre un aliment à l'amour propre et à l'instruction.

5°. Les médecins recommandables sous tous les rapports ne manquent point à notre patrie ; mais tous peuvent-ils être à la tête des asiles? Il faut une trempe d'esprit particulière pour cultiver avec fruit cette branche de l'art de guérir ; il faut avoir beaucoup de temps à sa disposition, et avoir fait, en quelque sorte, l'abnégation de soi-même. Un médecin qui jouit d'une grande réputation, qui par conséquent a une pratique nombreuse, se chargera-t-il d'un petit hôpital qui prendra tout son temps, qui lui fera courir des dangers, et qui lui offrira peu de chances de succès? En effet, celui qui veut être utile aux aliénés doit les visiter plusieurs fois le jour, et même pendant la nuit; il ne doit pas se contenter d'une visite faite le matin, comme cela se pratique dans les hôpitaux ordinaires, encore moins d'une visite faite deux fois la semaine, et quelquefois aux flambeaux. Quelles espérances de guérison soutiendront son courage? Chargé d'un hôpital de trente à soixante aliénés, dix à peine offriront quelques chances de guérison; sur ces dix, il y en aura cinq de guéris, en supposant même que le médecin soit heureux. Au reste, cette réduction ne doit point effrayer lorsqu'on songe que, dans les asiles départementaux, la masse ne sera formée que d'individus incurables, et que le médecin ne devra compter que sur les cas éventuels.

Si l'on multiplie les asiles, ils seront dédaignés par les serviteurs, par les malades, par leurs parens, par les médecins, par les hommes capables de les administrer.

En formant de grands établissemens, en les plaçant et les distribuant convenablement, on obtiendra des résultats utiles pour ceux qui seront reçus; économiques pour l'administration. Les gens riches seront d'abord soustraits aux regards de leurs concitoyens, et envoyés au loin; mais les personnes d'une fortune médiocre, les incurables riches seront envoyés dans ces asiles dont le prix de leur pension couvrira bientôt les dépenses: c'est ce qui arrivait autrefois, particulièrement dans le nord de la France, aux maisons d'aliénés d'Armentières, de Saint-Vincent, de Lille, de Marville, de Saint-Maurice, etc. C'est ce qui arrive aujourd'hui à Avignon, à Saint-Mein, et sur-tout à Charenton et à la maison des fous de Bordeaux. Ces établissemens se suffisent à eux-mêmes.

Cette circonscription des asiles ne sera point une nouveauté: avant la paix, Marville recevait les aliénés de vingt-trois départemens; Armentières et Lille reçoivent les aliénés des départemens de la Somme, Pas-de-Calais et du Nord. Les trois établissemens de Paris reçoivent des aliénés de tous les points de la France; Bordeaux, Lyon et Avignon admettent ceux de plusieurs départemens circonvoisins. Les administrateurs et les parens des aliénés se louent des soins donnés à leurs malades dans ces hôpitaux spéciaux et éloignés, bien plus que de la manière d'être de ces mêmes malades dans les dépôts de leur département. En effet, les établissemens de Paris, de Lille, de Nancy, Avignon, etc., qui reçoivent des aliénés de plusieurs départemens, ne sont-ils pas mieux tenus que les portions d'hospices, que les maisons de force, que les prisons de Caen, de Toulouse, de Nantes, de Limoges, de Dijon, d'Orléans, de Rouen, etc.? L'intérêt du département où sont les hôpitaux spéciaux doit porter l'administration à les mieux soigner, afin d'attirer la confiance.

De tout ce qui précède, on doit conclure qu'il faut des asiles spéciaux, et qu'il est préférable d'en avoir un petit nombre que d'en établir un dans chaque département.

Le plan d'un hospice d'aliénés n'est point une chose indifférente et qu'on doive abandonner aux seuls architectes; le but d'un hôpital ordinaire est de rendre plus faciles et plus économiques les soins donnés aux indigens malades. Un hôpital d'aliénés est un instrument de guérison. Depuis plus de dix ans, je réfléchis sur cet objet; j'ai visité tous les hôpitaux de France; je me suis procuré les plans de plusieurs hôpitaux étrangers; j'ai fait des observations pratiques dans mon propre établissement et dans l'hospice de la Salpêtrière : j'ai lieu de croire que les avantages et les inconvéniens des établissemens d'aliénés n'ont point échappé à mon attention. Voici le résultat de mes réflexions à cet égard.

Les asiles doivent être bâtis hors des villes; il y aura économie et pour les frais des premiers établissemens et pour leur entretien, les objets de consommation n'ayant pas d'octroi à payer. On fera choix d'un grand terrain exposé au levant, un peu élevé, dont le sol soit à l'abri de l'humidité, et néanmoins pourvu d'eau vive et abondante.

Les constructions présenteront un bâtiment central pour les services généraux, pour le logement des officiers ; ce bâtiment aura un premier étage. Sur les deux côtés de ce bâtiment central, et perpendiculairement à ses lignes, seront construites des masses isolées pour loger les aliénés, les hommes à droite, les femmes à gauche ; ces masses isolées seront assez nombreuses pour classer tous les aliénés ; elles seront entourées d'une galerie sur laquelle s'ouvriront les portes et les croisées. Dans nos climats tempérés, la galerie sur laquelle s'ouvriront les portes sera à jour, et liera toutes ces petites masses entre elles, et avec le bâtiment central ; la galerie dans laquelle s'ouvriront les croisées sera fermée ; à l'une de ses extrémités, on ménagera une petite pièce pour un poële, lequel, à l'aide de tuyaux de chaleur, échauffera la galerie et en même temps les cellules. A la cheminée du poële, on adossera la cheminée des lieux d'aisances, qui, par ce moyen, seront délivrés de toute mauvaise odeur. Au centre de tous ces bâtimens disposés parallèlement entre eux, s'éleveront des bâtimens isolés aussi ; ces derniers serviront d'ateliers, de salles de réunion, de réfectoires, d'infirmerie, etc. L'ensemble de ces bâtimens doit présenter des logemens séparés pour les aliénés furieux, pour les maniaques qui ne sont point méchans, pour les mélancoliques tranquilles, pour les monomaniaques qui sont ordinairement bruyans, pour les aliénés en démence, pour ceux qui sont habituellement sales, pour les fous épileptiques, pour ceux qui ont des maladies incidentes ; enfin, pour les convalescens : l'habitation de ceux-ci devra être composée de manière qu'ils ne puissent pas voir et entendre ceux qui sont malades, tandis qu'eux-mêmes seront à portée du bâtiment central. M. Lebas, architecte, a fait un plan d'après les données que je lui ai fournies. Ce plan est gravé, et je le publierai. Ce système de construction a été adopté en Danemarck pour l'asile qu'on y construit, et dont j'ai fait aussi graver le plan.

Les habitations particulières ne devront pas être faites toutes de la même manière, et l'uniformité est un des principaux vices de tous les asiles actuellement existans en France et ailleurs. Les habitations destinées aux furieux doivent être plus solidement bâties, et offrir des moyens de sûreté inutiles et même nuisibles dans le reste de l'établissement. Il est des aliénés qui salissent; les planchers des cellules qu'ils doivent habiter seront dallés en pierre, et inclinés vers la porte. Cette disposition est inutile dans tous les autres logemens, qui devront être planchéiés. Le quartier des convalescens ne doit différer en rien des maisons ordinaires.

Les constructions destinées aux aliénés seront toutes au rez-de-chaussée; cette disposition me paraît être de la plus grande importance, elle n'est point arbitraire : je dois avouer qu'elle est contraire à presque tout ce qui est établi jnsqu'ici. Par-tout, à la vérité, les furieux sont au rez-de-chaussée, même dans des souterrains, particulièrement en Angleterre, à Armentières, à Marville, et dans les villes de France où il existe des cachots souterrains; les autres aliénés habitent des étages supérieurs. En opposition avec tout ce qui a été fait jusqu'ici, je dois rendre compte de mes motifs et répondre aux objections qui m'ont été adressées.

Les établissemens dans lesquels les aliénés sont logés au premier, au second, au troisième étage, offrent de nombreux et de graves inconvéniens : 1°. Il faut griller les croisées de tous les quartiers pour prévenir les évasions et les suicides; il faut entourer de grilles les escaliers, comme on a été contraint de le faire dans le bâtiment neuf de Bicêtre, les marches de l'escalier n'étant point fixées aux deux murs de soutenement. Le premier étage du bâtiment neuf d'Avignon est éclairé par une galerie à jour: on a été forcé de fermer la galerie avec une forte grille en fer.

2°. Le lavage nécessaire et fréquent des cellules, des galeries, abîme les planchers; la crainte de les pourrir empêche d'avoir des fontaines dans les étages, et à portée de chaque malade. Les lieux d'aisances sont une occasion de malpropreté ; leur odeur infecte les corridors, ou il faut de grands frais pour s'en préserver.

3°. Les aliénés sont renfermés dans leurs cellules, ou tout au moins dans leur galerie, parce qu'on craint qu'ils ne se précipitent, ou qu'ils se laissent tomber dans les escaliers. Veulent-ils sortir des galeries, il faut en obtenir la permission, qui dépend du caprice des gardiens. Cette dépendance répugne à beaucoup d'aliénés, qui préfèrent rester dans leurs cellules, et même dans leur lit.

4°. Le service est plus pénible, la surveillance presque nulle, celle des serviteurs plus minutieuse, plus arbitraire, plus tyrannique; celle des chefs impossible.

Les asiles dont les bâtimens sont construits au rez-de-chaussée présentent des avantages sans nombre.

1°. Il n'est pas nécessaire de barres de fer aux croisées, aux galeries, aux escaliers; les galeries peuvent rester ouvertes; les aliénés sont moins casaniers, pouvant sortir à volonté, étant sollicités par l'exemple de leurs compagnons qui vont, qui viennent, qui jouent sous leurs croisées. L'un d'eux est-il pris d'un paroxysme il sort de sa cellule, va au grand air, s'abandonne à toute son agitation; il est bientôt calme; il serait devenu furieux s'il n'avait pu quitter sa cellule ou son corridor, parce qu'il y eût trouvé les causes de son agitation fortifiées par la contrariété. Les croisées étant basses, les gens de service pouvant les atteindre facilement, les ouvrent et les ferment lorsqu'il convient. Les croisées percées en face des portes favorisent le renouvellement de l'air; si un furieux se barricade, en feignant d'entrer par la croisée, on attire son attention vers ce point, et l'on arrive à lui par la porte, sans dangers pour lui et pour les serviteurs.

2°. Le service est infiniment plus facile, parce qu'il ne faut pas sans cesse monter et descendre des escaliers. Survient-il un accident, une querelle, les infirmiers peuvent se réunir promptement pour opérer un appareil de force considérable qui prévient presque toujours son emploi. L'infirmier d'un corridor est-il attaqué, il n'est pas obligé de se défendre corps à corps. Si un aliéné ne veut point se promener, s'il veut rester dans sa cellule, sur son lit, s'il ne veut pas aller au bain, etc., il ne faut pas le tirailler, le porter dans des escaliers, au risque de le rendre furieux ou de le blesser.

Les infirmiers se surveillent les uns les autres, n'étant pas enfermés dans les galeries, dans les corridors, où l'on n'arrive qu'en faisant beaucoup de bruit pour ouvrir les portes.

3°. Le médecin peut faire sa visite plus commodément : il a, pour ainsi dire, sous la main tout son monde. La surveillance des chefs est plus utile, parce qu'elle est plus facile. Peut-on exiger qu'un directeur monte et descende les escaliers plusieurs fois le jour ? ses forces physiques se refuseraient à son zèle. Dans un bâtiment au rez-de-chaussée, il peut à tout instant et sans bruit arriver auprès des malades et des serviteurs. Ceux-ci, par la crainte d'être surpris, sont plus assidus, plus exacts et plus complaisans.

4°. Enfin, les asiles bâtis au rez-de-chaussée, composés de plusieurs bâtimens isolés, distribués sur une plus grande superficie, ressemblent à un village dont les rues, les places, les promenades offrent aux aliénés des espaces plus variés, plus étendus pour se livrer à l'exercice si nécessaire à leur état.

On objecte à tant de motifs celui de l'économie. Un grand établissement à plusieurs étages est sans doute moins dispendieux; mais la véritable économie consiste dans l'emploi judicieux des fonds destinés à un établissement. L'économie ne consiste point à priver un établissement des conditions indispensables pour qu'il remplisse sa destination ; l'économie, d'ailleurs, n'est pas si grande qu'on affecte de le dire : en effet, dans la dépense que doit causer la construction d'un asile, l'achat de quelques arpens de terre de plus ou de moins peut-il compter ; sur-tout si l'asile est bâti hors des villes ? Le terrain acheté ne serait point sans produit; car le tiers du sol sur lequel on bâtira l'asile sera planté d'arbres, pour l'assainissement de l'air, pour l'agrément des malades, et pour l'augmentation des revenus. La construction des bâtimens sera moins chère, les fondations moins profondes, moins épaisses; il ne faudra point d'escaliers avec tous les accessoires; il n'y aura point de lieux d'aisances dont les conduits rampent dans les divers étages. Il suffira que le quartier des furieux soit bâti en pierre; les autres subdivisions pourront être construites plus légèrement. L'asile étant divisé en plusieurs bâtimens isolés, on peut se contenter d'abord et de ces constructions légères et des masses de bâtimens indispensables, ajournant les constructions successives au fur et à mesure de l'accroissement de la population.

D'après le nombre des aliénés admis dans les établissemens publics spéciaux ou autres, on peut croire que vingt asiles sont suffisans pour tout le royaume : je voudrais les établir auprès des Cours royales. Les villes où siégent ces Cours sont considérables, et ordinairement centrales; elles attirent dans leur sein beaucoup d'individus appartenant aux départemens qui ressortent de leur juridiction. Des motifs trop longs à déduire et dans l'intérêt civil des aliénés justifient cette disposition.

Chaque asile ainsi établi auprès de chaque Cour royale, recevra les aliénés des départemens qui ressortiront de ces Cours; il sera construit pour quatre ou cinq cents individus, ce qui permettra de recevoir dans dix-huit asiles sept mille deux cents aliénés, qui, avec les deux mille dans les établissemens de Paris, me paraissent être l'extrême du nombre des aliénés qui peuvent réclamer des asiles. Ce nombre est bien supérieur à celui des aliénés qui aujourd'hui sont dans les maisons spéciales, les hospices, prisons, etc.; mais ce qui existe est au-dessous des besoins, et l'Administration doit s'attendre qu'aussitôt qu'elle aura ouvert des asiles bien dirigés, leur population s'accroîtra rapidement.

L'économie veut que l'on conserve les huit asiles spéciaux qui existent déjà, quoiqu'ils soient loin d'offrir les meilleures conditions possibles. Ces asiles seront débarrassés de tout individu qui n'est point aliéné; ils seront soumis aux règlemens généraux communs à tous les asiles de France; il sera arrêté pour chacun un plan d'amélioration ou d'agrandissement, d'après les principes adoptés pour les nouveaux asiles, et il sera défendu d'y bâtir, à moins de se conformer rigoureusement à ce plan.

Les trois établissemens de Paris suffisent au département de la Seine et au département de Seine et Oise.

Il ne restera plus qu'à bâtir huit asiles, et à les distribuer dans les contrées où il n'en existe point. La première dépense de chacun de ces asiles peut s'élever à 500,000 francs. Ils peuvent être ouverts d'ici à trois ans, et même beaucoup plus tôt; les fonds nécessaires pour les construire peuvent avoir plusieurs sources.

1°. L'Administration générale peut faire un appel aux citoyens qui voudront fonder un ou plusieurs lits dans l'asile; les souscripteurs auront droit de nomination pour autant d'aliénés qu'ils auront fondé de lits : ils seront membres nés de l'Administration générale des asiles. 2°. Tous les fonds acuellement consacrés à ces malades seront répartis aux asiles. 3°. Chacun des départemens pour lesquels l'asile sera destiné, fournira des fonds pour son établissement. Je suppose que chacun d'eux doive donner 80,000 fr.; cette dépense étant supportée dans le cours de trois années qu'on mettra à construire, il n'en coûtera que 25 à 30,000 francs à chaque département. 4°. Le Gouvernement, à titre d'encouragement, ne pourrait-il pas accorder une première avance, qui activerait l'exécution de ces projets, et qui lui permettrait de les diriger plus facilement ?

Il sera formé pour chaque asile un Conseil d'administration, composé des Préfets des départemens, qui concourront à leur érection, des souscripteurs, du directeur et du médecin de l'asile, du procureur général, etc.

Il sera nommé un Comité d'administration, dont le directeur et le médecin de l'asile seront membres avec voix consultative seulement.

Chaque asile aura un directeur, un médecin, nommés par le Ministre, sur la présentation du Conseil général. Il aura un économe, un aumônier, un pharmacien, un surveillant et une surveillante, nommés par le Conseil général, sur la présentation du Comité d'administration.

Il sera formé, auprès du Ministère de l'intérieur, un Comité central avec lequel correspondront les directeurs et les médecins de tous les asiles, placés sous la surveillance immédiate et spéciale du Ministre de l'intérieur. Tous les ans, ce Comité rendra un compte général administratif et médical, qui sera envoyé aux administrateurs, aux directeurs, aux médecins des asiles.

Il sera fait un règlement général pour toutes les parties du service, dans lequel on prescrira un mode uniforme d'admission pour tous les asiles; en les modifiant, quant aux conditions administratives, d'après la connaissance plus positive de chaque localité.

Enfin, on donnera une instruction pour la direction des aliénés dans chaque asile.

RÉSUMÉ.

L'état actuel des aliénés réclame hautement une réforme générale.

Il ne convient nullement à leur bien-être, ni aux égards qui leur sont dus, d'être réunis avec d'autres malades, avec des indigens, encore moins avec des prisonniers.

De grands asiles sont préférables, sous tous les rapports, à quatre-vingt-trois hôpitaux départementaux.

En conservant et en améliorant les asiles actuels, il n'en resterait que dix nouveaux à bâtir.

Dix asiles, à 500,000 francs chacun, coûteront cinq millions, tandis que soixante-douze hôpitaux spéciaux, qu'il faut bâtir pour qu'il y en ait un par département, estimés seulement à 150,000 f. chacun, coûteront dix millions cinq cent mille francs.

Je ne saurais prévoir si les résultats des recherches et des réflexions consignées dans ce mémoire atteindront le but que je me suis proposé; peut-être n'aurai-je écrit que pour moi. Si je ne puis être utile en espérant l'être, si je n'ai fait qu'un beau rêve, ce rêve du moins m'a laissé l'espérance. Nul doute qu'il suffit de faire connaître l'état déplorable dans lequel gémissent la plupart des aliénés, pour faire restituer à ces infortunés cette portion de soins et d'intérêt que la charité publique dispense, particulièrement en France, avec tant de magnificence et de sollicitude, dans tous les établissemens ouverts aux malades et aux indigens.

www.ingramcontent.com/pod-product-compliance
Ingram Content Group UK Ltd.
Pitfield, Milton Keynes, MK11 3LW, UK
UKHW021037180726
13838UKWH00004B/1849